읽으면서 깨치는
나의 첫 한자책 ❷

읽으면서 깨치는
나의 첫 한자책 ②

이이화·강혜원·박은숙 지음 | 박지윤 그림

초대하는 글

우리말 실력을 키우며 삶의 지혜를 배우는
똑똑한 한자

누군가 "성이 뭐예요?" 하고 묻는다면 어떤 대답이 나올까요?
"김 씨나 이 씨, 박 씨 같은 가족의 성을 말합니다."
"여성, 남성을 가리키는 말이지요."
"궁궐을 말하는 거 아닌가요? 아니면 적의 침략을 막기 위해 쌓은 높은 담 같은 건가요?"

이 밖에도 많은 대답이 나올 수 있을 거예요.
'성'처럼 같은 소리인데도 다른 뜻을 가진 낱말은 많아요. 바로 한자어로 된 말들인데, 우리말에는 한자어로 된 말이 참 많지요. '아하! 우리말 실력을 키우려면 한자를 배워야겠구나.' 그런 생각이 들 거예요.
한자를 배우면 우리말 실력이 자랄 뿐 아니라 생각하는 힘도 커진답니다. 어떻게 그 글자가 생겨났는지, 글자 안에 어떤 생활 모습이 담겨 있는지, 그 글자로 만들 수 있는 낱말이 무엇인지 꼬리에 꼬리를 물고 생각이 이어지기 때문이지요.

그렇다면 한자를 어떻게 배워야 할까요? 쓰고 또 쓰고, 외우고 또 외우며 열심히 공부하면 될까요? 물론 한자를 무조건 외우고 쓰는 방법도 있겠지만, 이건 정말 지루한 한자 공부 방법이에요. 이 책은 여러분이 쉽고 재미나게 한자를 익혀 나갈 수 있도록 이끌어 줍니다. 한자와 관련된 그림과 글들을 곁들여 술술 재미나게 읽힙니다. 읽다 보면 자연스럽게 한자의 뜻을 깨치고, 어느덧 많은 낱말을 알게 되지요.

1권에서는 쉬운 글자부터 시작합니다. 어떻게 만들어졌으며, 어떤 뜻을 지닌 글자인지 아주 옛날의 글자 모양과 그림을 통해 이해할 수 있을 거예요. 서로 연관된 글자들을 함께 모아 생각이 이어지도록 했습니다.

2권에서는 뜻이 반대되는 한자, 뜻이 비슷한 한자, 부수가 같은 한자 등을 통해 우리말 실력을 키우며 생각의 폭이 더욱 넓어지도록 했습니다.

3권에서는 음이 같은 한자와 그 한자가 포함된 낱말, 뜻이 반대되는 낱말, 우리 생활과 친숙한 한자어들을 배울 수 있습니다.

1, 2, 3권 모두 한자에 얽힌 이야기와 고사성어, 그림 등이 함께 실려 있습니다. 재미있게 한자를 만나면서 실력을 키워 갈 수 있을 거예요.

이 책을 읽으면서 한자에 담긴 뜻을 깨치고, 우리말 실력을 키우며 삶의 지혜를 아울러 배워 가길 바랍니다. 읽다 보면 어느덧 똑똑한 한자를 깨친, 똑똑한 한자 실력쟁이가 되어 있을 거예요. 또 나중에 한국사나 고전문학과 같은 학문을 공부할 때에도 한자 실력은 이해력을 아주 높여 준답니다. 어때요? 우리 함께 읽으면서 깨치는 한자 공부를 시작해 볼까요?

2019년 7월

이이화·강혜원·박은숙

차례

초대하는 글 4

① **마음의 뜻과 몸의 힘이 어우러져** 8
이야기 속의 한자 우공이 산을 옮기다

② **풀과 나무의 생명** 12
이야기 속의 한자 부들부들 떨다 꼿꼿해졌다

③ **물은 구름이 되고, 구름은 눈비가 되고** 16
이야기 속의 한자 시련을 넘어 나라를 세운 주몽

④ **말은 인간의 가장 큰 능력** 20
이야기 속의 한자 새 한 마리가 수십 마리가 되어

⑤ **손이 하는 다양한 일** 24
이야기 속의 한자 이러지도 저러지도 못하네

연습 문제 28

⑥ **밝음과 어둠으로 이어지는 시간** 30
이야기 속의 한자 아침에 바꾸고, 저녁에 또 고치고

⑦ **희망을 품고, 넓고 아름다운 세상을 향해** 34
이야기 속의 한자 사마천에게 남은 희망

⑧ **달콤하고도 쌉쌀한 길** 38
이야기 속의 한자 책벌레 세종대왕

⑨ **사람은 누구나 장단점이 있다** 42
이야기 속의 한자 원숭이의 교만

⑩ **대립되는 세상** 46
이야기 속의 한자 인간의 본성은 선한 것인가?

연습 문제 50

11 인간관계의 바탕 52
　이야기 속의 한자　까마귀의 효성

12 돌도끼에서 우주선까지 56
　이야기 속의 한자　백 번 쏘아 백 번 다 맞힌다

13 경제 활동이 이루어지는 시장 60
　이야기 속의 한자　'문전성시'라는 말만 듣고

14 먹을거리를 생산하는 농촌 64
　이야기 속의 한자　개미를 이용해서 구슬을 꿰다

15 우리 삶을 편안하게 하는 정치 68
　이야기 속의 한자　호랑이보다 무서운 것

　연습 문제　72

16 사회 제도의 빛과 그늘 74
　이야기 속의 한자　최북의 저항

17 지혜와 지식을 배울 수 있는 학교 78
　이야기 속의 한자　말과 개미에게서 배운 지혜

18 앎은 실천으로 이어져야 한다 82
　이야기 속의 한자　내일은 집을 지을 거야

19 세상을 배우는 독서 86
　이야기 속의 한자　반딧불과 눈을 등불 삼아 책을 읽다

20 삶을 표현하는 예술 90
　이야기 속의 한자　나라를 망치는 음악

　연습 문제　94

1 마음의 뜻과 몸의 힘이 어우러져

사람의 **마음**[심 心]은 변덕쟁이처럼 변한다. 올곧은 뜻을 가지고 무엇인가를 이루고자 할 때는 강한 **의지**(意志)를 보여 준다. 기억하기 싫거나 세월이 흐르면 **잊어버린다**[망 忘]. 자신이 원하던 일이 아닐 때 **슬퍼한다**[비 悲]. 무엇인가를 이루기 위해 **노력**(努力)하고, 힘써 일하여 **움직이는 것**[노동 勞動]은 마음의 뜻을 행동으로 옮기고, 우리 삶을 위해 새로운 것을 만들어 내는 과정이다.

배울 한자
心(마음 심)이 들어 있는 한자는 대부분 마음의 상태와 관련된 뜻을 갖는다.
'心'이 왼쪽 부분에 있을 때는 '忄(심방변)'으로 모양이 변한다.

意 뜻 의	音 (소리 음) + 心 (마음 심) 마음에서 나오는 소리, 곧 뜻, 의지를 뜻함.	
意 意		
志 뜻 지	士(之) (갈 지) + 心 (마음 심) 마음이 가다, 곧 뜻함을 가리킴. 또는 선비[士:선비 사] 같은 마음을 뜻함.	
志 志		

1 마음의 뜻과 몸의 힘이 어우러져

이야기 속의 한자

우공이 산을 옮기다

무척이나 높은 두 개의 산 아래에 '우공'이라는 사람이 살고 있었다. 우공은 나이가 아흔 살인데, 이 두 산 때문에 평생을 불편하게 살았다. 이 산들이 집 앞을 가로막아 다른 지역으로 가려면 멀리 돌아가야 했기 때문이다. 그래서 마침내 우공은 가족(家族)을 모아 놓고 하나의 의견을 내놓았다.

"우리 가족이 다른 지역으로 편하게 왕래하려면 저 산들을 없애야 하니까 모두 힘을 합해서 두 산을 평평하게 만들자."

가족들이 대부분 찬성했지만, 우공의 아내만은 불가능하다며 반대했다. 그럼에도 우공은 아들과 손자(孫子)들을 이끌고 산의 흙을 파서 먼 바다에 갖다 버렸다. 그들은 계절이 바뀌어야 겨우 한 번 집에 돌아올 만큼 열심히 일했다. 어떤 사람이 우공을 향해 비웃으니 그가 말했다.

"당신은 참 생각이 좁소. 내가 죽는다 해도 아이들은 남으며, 그 아이들에게 손자가 생기고 자자손손(子子孫孫) 끝나는 일이 없기 때문에 반드시 평평해질 것이오."

하늘의 천제(하느님)가 우공의 진실한 노력(努力)을 보고 감동해 두 산을 옮겨 주었다. 끝까지 해 보려는 우공의 의지(意志)가 하늘을 감동시킨 것이다.

> **愚公移山 우공이산** 愚:어리석을 우, 公:공평할 공, 移:옮길 이, 山:뫼 산
> '우공이 산을 옮긴다.'는 말로, 우공은 어리석은 사람이라 풀이할 수 있다. 끊임없이 노력하면 마침내 일을 이룰 수 있다는 뜻을 지닌다.

2 풀과 나무의 생명

봄이면 **풀과 꽃**[화초 花草]이 쏘옥 얼굴을 내민다. 나무의 잎도 푸르게 물들어 간다. 가을이면 나무는 굳세게 겨울을 이겨 내기 위해 잎을 떨어뜨리고, **낙엽**(落葉)은 땅에 쌓여 나무의 양분이 된다. 나무는 **뿌리**[근 根]를 굳게 내리고, 줄기는 그 안에 생명을 품고 다가올 봄을 기다린다.

| 배울 한자 | 艸(풀 초)가 들어 있는 한자는 거의가 풀과 관련되는 뜻을 갖는다. '艸'가 다른 글자와 합해질 때 '艹(풀초머리)'로 모양이 바뀐다. |

花 꽃 화	艹(艸) + 化 (풀 초) (될 화) 초목 중에서 꽃을 뜻함.	
花 花		
草 풀 초	艹(艸) + 早 (풀 초) (이를 조) 모든 풀을 뜻함.	
草 草		

2 풀과 나무의 생명

植 심을 식	木 (나무 목) + 直 (곧을 직) 나무를 곧게 심는다는 뜻	
植 植		

樹 나무 수	木 (나무 목) + 尌 (세울 주) 살아서 서 있는 나무를 뜻함.	
樹 樹		

花草 화초	花 草	
落葉 낙엽	落 葉	
根本 근본	根 本	
松竹 송죽	松 竹	
植木 식목	植 木	
樹木 수목	樹 木	

이야기 속의 한자

○ 부들부들 떨다 꼿꼿해졌다

삿갓을 쓰고 온 나라 곳곳을 돌아다니며 풍자와 해학이 넘치는 시를 지었던 사람이 있다. '김삿갓'이란 이름으로 불린 그의 본명은 김병연(金炳淵, 1807~1863)이다. 김삿갓은 할아버지가 역적으로 놀린 탓에 뛰어난 실력을 갖추고도 벼슬에 오를 수가 없었다. 그러나 세상을 향한 그의 날카로운 비판과 조롱의 이야기와 시들은 아직도 사람들 입에 오르내리고 있다.

한번은 김삿갓이 어떤 집에 머물게 되었는데 그 집에 초상이 났다. 한자를 모르는 그 집 주인은 부고(죽음을 알리는 글)를 써 달라고 김삿갓에게 사정사정했다. 그 당시는 우리말을 두고도 한자로만 부고를 쓰는 습관이 있었는데, 한자를 모르는 주인이 굳이 부탁했던 것이다. 김삿갓은 이렇게 써 주었다.

'柳 柳 花 花'
(버들 류) (꽃 화)

한자의 뜻 부분을 읽어 보면, '버들 버들 꽃 꽃'이다. 한자의 뜻을 빌려 '부들부들 떨다가 꼿꼿해졌다.'고 표현한 것이다.

그 주인은 이 부고를 돌리고 나서 많은 비웃음을 샀다. 쉽게 우리말로 알리면 되는데 굳이 한문을 써서 학식 있는 척 뽐내려던 그 사람을 김삿갓은 한자를 빌려 비꼰 것이다.

○ 柳:버들 류, 花:꽃 화

3 물은 구름이 되고, 구름은 눈비가 되고

지구에는 많은 **물**[수 水]이 있어 생명이 자라날 수 있었다. 지구 표면의 71퍼센트가 바닷물이 넘실되는 **해양**(海洋)이다. 강과 호수에도, 대기에도, 땅 밑에도 많은 물이 있다. 지구의 물은 증발해서 **구름**[운 雲]이 되고, 구름은 **눈**[설 雪]과 **비**[우 雨]가 되어 땅에 내린다. 대기의 수증기는 땅에 얼어붙어 **서리**[상 霜]가 된다. 지구의 대기와 물을 **청정**(淸淨)하게 유지해야 우리의 생명도 유지될 수 있다.

배울 한자 水(물 수)가 들어 있는 한자는 대부분 물과 관련되는 뜻을 갖는다.
'水'가 왼쪽 부분에 있을 때는 '氵(삼수변)'으로 모양이 변한다.

海 바다 **해**	氵(水)(물 수) + 每(매양 매) 모든 물이 모여 이루어진 바다를 뜻함.	
海 海		
洋 큰 바다 **양**	氵(水)(물 수) + 羊(양 양) 큰 바다를 뜻함.	
洋 洋		

이야기 속의 한자

○ 시련을 넘어 나라를 세운 주몽

주몽은 고구려를 세운 영웅이었으나, 시련 속에서 태어나고 시련을 겪으며 성장했다. 그의 어머니 유화는 천제(하느님)의 아들 해모수를 만나 사랑을 나누었지만, 해모수는 혼자 하늘로 올라갔다. 유화의 아버지 하백은 화가 나서 딸을 쫓아냈다. 그야말로 안 좋은 일이 겹치고 겹치는 설상가상(雪上加霜)의 상황이었다.

유화는 금와왕의 별궁에서 지내며 주몽을 낳았다. 주몽은 짐승들의 보호를 받아 알에서 무사히 태어날 수 있었다. 주몽은 태어난 지 한 달도 안 되어 말을 하고, 활과 화살을 주자 파리를 명중시키는 등 놀라운 능력을 보여 주었다.

빼어난 능력 때문인지 주변 사람들은 주몽을 시기했고, 금와왕의 아들들도 주몽을 대놓고 구박했다. 온갖 시련 속에서 꿋꿋하게 버티던 주몽은 어머니 유화가 마련해 준 빼어난 말을 타고 동부여를 떠나 새로운 나라를 세웠다. 그 나라가 바로 고구려이다.

○ **雪上加霜 설상가상** 雪:눈 설, 上:위 상, 加:더할 가, 霜:서리 상
눈 위에 다시 서리가 내려 쌓인다는 뜻으로, 좋지 않은 일이 연거푸 일어난다는 뜻이다.

4 말은 인간의 가장 큰 능력

사람이 지닌 가장 큰 능력은 **언어**(言語)를 통해 서로 의사소통할 수 있다는 점이다. 우리는 말을 함으로써 지식과 기술과 감정을 서로 전하고, 생각을 표현하고, 서로의 생각을 판단할 수 있다. 입에서 입으로 전해 내려오는 **설화**(說話), 인간의 사상과 **담론**(談論), 역사를 담은 **기록**(記錄) 모두 언어로 이루어졌으며, 이를 통해 과거와 현재의 삶을 후대에 전할 수 있다.

> **배울 한자** 言(말씀 언)이 들어 있는 한자는 대부분 말과 관련된 뜻을 갖는다.

言 말씀 **언**	莒 → 吾 → 言 言 + 口 (곧바른 바늘 모양) (입 구) 입과 혀에서 나오는 말을 뜻함.	
言 言		
計 셈할 **계**	言 + 十 (말씀 언) (열 십) 말로 숫자를 셈한다는 뜻	7+5=
計 計		

4 말은 인간의 가장 큰 능력

이야기 속의 한자

● 새 한 마리가 수십 마리가 되어

황희(黃喜, 1363~1452) 정승은 성품이 너그럽고 충직하여 그에 관해 남겨진 이야기가 많다. 그는 아첨하는 말이나 달콤한 말을 들으려 하지 않았으며, 직접 보고 듣지 않은 소문은 믿으려 하지 않았다. 이런 이야기가 전한다.

어느 날, 대궐에서 나온 황희는 집에 돌아오자마자 부인의 귀에 대고 소곤거렸다.

"부인, 부인만 알고 있으시오. 글쎄, 대변을 보는데 파랑새 한 마리가 항문에서 나와 포르르 날아가지 않겠소? 이런 희한한 일이 어디 있소? 소문나면 큰일이니 부인만 알고 있으시오."

"예, 그런 이상한 일이 있었다니……! 꼭 저만 알고 있겠습니다."

이 일이 있은 지 한 달쯤 지난 어느 날, 왕은 황희를 은밀히 불렀다.

"경의 항문에서 파랑새 수십 마리가 나와 날아갔다는 게 사실이오?"

"전하, 세상(世上) 소문이 얼마나 무서운지 시험하기 위해 제 아내에게만 비밀을 지키라고 신신당부하면서 빈말[허언 虛言]을 해 본 것이옵니다."

왕과 신하는 마주 보면서 크게 웃음을 터뜨렸다. 아내에게만 알려 준 비밀이 불과 한 달 만에 구중궁궐에 있는 왕의 귀에까지 들어갔던 것이다. 황희의 아내도 이 희한하고 재미있는 이야기를 혼자만 알고 있을 수 없어 이웃집 대감 부인에게 혼자만 알고 있으라면서 이야기했고, 그 부인은 또 다른 부인에게, 다른 부인은 또 자기 남편에게…… 이렇게 하다 보니 항문에서 나온 파랑새 한 마리가 수십 마리로 불어 왕의 귀에까지 들어간 것이다.

● **虛言** 허언 虛:빌 허, 言:말씀 언
실속이 없는 빈말

5 손이 하는 다양한 일

사람이 지닌 중요한 특징으로 **말**[언 言]과 **손**[수 手]을 들 수 있다. 다른 동물들의 앞발이 땅을 딛거나 달리는 데 쓰인다면, 인간의 손은 만들고 가리키고 서로 잡는 데 쓰인다.

옛사람들의 생활 모습을 상상해 보자.

"저기 사자 한 마리가 있어. 피해!"

"아, 여기 맛있는 채소가 있네!"

그들의 손가락은 **원근**(遠近)을 넘나들며 사냥감과 먹잇감을 가리키며 잡으라고, 또 캐라고 **지시**(指示)한다. 돌을 **던져**[투 投] 사냥을 하고, 돌을 **깨뜨려**[타 打] 농사나 사냥을 위한 **기**(技)구를 만들기도 했다. 먹잇감을 향해 **나아가고**[진 進], 무서운 동물을 피해 **물러나며**[퇴 退] 하루하루 살았을 것이다.

> **배울 한자** 手(손 수)가 들어 있는 한자는 대부분 손동작과 관련되는 뜻을 갖는다.
> '手'가 왼쪽 부분에 있을 때는 '扌(재방변)'으로 모양이 변한다.

打 칠 **타**
扌(手) + 丁
(손 수) (못 모양)
손으로 못을 박는다는 데서 치다는 뜻이 됨.

投 던질 **투**
扌(手) + 殳
(손 수) (창 손잡이 수)
창을 손에 쥐고 던진다는 뜻

배울 한자: 辶(쉬엄쉬엄 갈 착)이 들어 있는 한자는 대부분 동작, 거리와 관련되는 뜻을 갖는다. '辶'이 다른 글자와 합해질 때 '辶(책받침)'으로 모양이 변한다.

5 손이 하는 다양한 일

이야기 속의 한자

○ 이러지도 저러지도 못하네

옛 중국에 포악한 임금이 있었다. 사치에 빠져 정치를 제대로 하지 못했고, 신하들의 곧은 말을 듣지 않았으며, 자신을 비방하는 사람은 잡아 죽이기도 했다. 충신들은 그에게서 멀어져 갔다. 왕을 위해 바른 소리를 해 줄 벼슬아치도 없었다. 백성들도 입을 다물었고, 왕을 비방하는 대신 서로 눈짓으로 불만을 나누었다.

왕은 그나마 곁에 남아 있는 신하에게 자랑처럼 말했다.

"보시오, 나를 비난하는 자가 이젠 하나도 없지 않소?"

신하가 말했다.

"아닙니다. 그들은 입을 다물고 있을 뿐입니다. 백성들의 입을 틀어막는 것은 강을 막는 것보다도 더 위험합니다. 강이 터지면 주위의 논밭만 쓸어 가지만, 백성들의 입이 터지는 날이면 천하를 날려 보냅니다."

왕은 신하의 말을 듣지 않았다. 백성들 사이에는 이런 노래가 떠돌았다.

"사람들 사이에 떠도는 말이 있으니, 나아가지도 물러나지도 못하고 꼼짝없이 궁지에 빠졌네."

백성들의 처지가 바로 막다른 골목에 처한 상황, '진퇴유곡(進退維谷)'의 상황이었다. 참지 못한 백성들은 들고일어났고, 왕은 쫓겨나 다시는 자기 나라에 돌아오지 못한 채 죽고 말았다.

> ○ **進退維谷 진퇴유곡** 進:나아갈 진, 退:물러설 퇴, 維:오직 유, 谷:골짜기 곡
> 나아갈 수도 없고, 물러설 수도 없는 궁지에 빠짐.

연습 문제

1. 아래의 한자에서 공통된 부분을 찾아 쓰고, 그 뜻과의 관계를 생각해 봅시다.

① 花(꽃 화) : 草(풀 초) → (　　　)

② 根(뿌리 근) : 松(소나무 송) → (　　　)

③ 淸(맑을 청) : 淨(깨끗할 정) → (　　　)

④ 論(의논할 론) : 談(말씀 담) → (　　　)

2. 다음 한자와 뜻이 같은 한자를 써 봅시다.

① 言 : (　　　)

② 意 : (　　　)

③ 海 : (　　　)

④ 木 : (　　　)

3. 아래의 왼쪽 부분과 오른쪽 부분을 연결하여 또 다른 한자를 만들어 봅시다.

① 言 ・　　　　・ ㉮ 工

② 氵 ・　　　　・ ㉯ 艮

③ 辶 ・　　　　・ ㉰ 支

④ 扌 ・　　　　・ ㉱ 己

4. 다음 한자어를 이용하여 짧은 글을 지어 봅시다.

① 落葉 :

② 努力 :

○ 다음 낱말 잇기의 빈 칸을 한자로 채워 봅시다.

• 세로 열쇠 •

1. 식목일(나무 심는 날)
2. 설명(자세하게 풀이함)
3. 근해(가까운 바다)
6. 동양(터키 동쪽에 있는 아시아의 여러 나라)
8. 기사(어떤 사실을 알리는 글)
10. 의외(뜻밖)
11. 일구이언(한 입으로 두 말을 함)
12. 노력(힘을 들이고 애를 씀)
14. 국어(우리나라의 언어)
16. 인심(사람의 마음)
17. 백설(흰 눈)
18. 생활(생명을 가지고 활동함)
20. 행진(줄을 지어 걸어 나아감)

• 가로 열쇠 •

1. 식수(나무를 심음) 2. 설화(전승되어 오는 신화, 전설 등의 옛이야기) 4. 초목(풀과 나무)
5. 분명(뚜렷하고 밝음) 6. 동해(동쪽 바다) 7. 일기(날마다 겪는 일, 느낌을 적은 기록)
9. 서양(유럽과 남북 아메리카의 여러 나라) 13. 외국(다른 나라) 15. 식구(같은 집에 살며 끼니를 함께하는 사람)
16. 인력(사람의 힘) 19. 언행(말과 행동) 21. 활동(활발하게 움직임) 22. 진퇴(나아가고 물러섬)

정답 크로스워드:

¹植	樹	²說	話		³近
⁴草	木	⁵分	明		⁶東	海
	⁷日	⁸記		⁹西	洋
¹⁰意		事	¹¹一		¹²努
¹³外	¹⁴國		¹⁵食	口	¹⁶人	力
	語		二		心
¹⁷白	¹⁸生		¹⁹言	²⁰行
雪	²¹活	動		²²進	退

연습 문제 정답
1. ① 艹(艸) ② 木 ③ 氵(水) ④ 言   2. ① 語 ② 志 ③ 洋 ④ 樹   3. ① 라 ② 가 ③ 나 ④ 다
4. ① 落葉 태우는 냄새가 가을임을 더욱 느끼게 한다. ② 열심히 努力하면 어떤 일이든 이룰 수 있다.

6 밝음과 어둠으로 이어지는 시간

아침[조 朝]에 해가 뜨면 일어나 학교와 일터로 나가고, 해가 뉘엿뉘엿 기우는 **저녁**[석 夕]이면 집으로 돌아와 하루를 마무리하는 우리의 삶. 이렇게 시간은 **아침과 저녁**[조석 朝夕], **낮과 밤**[주야 晝夜]으로 흘러 지난 시간들은 **옛날**[고 古]이 되고, 우리는 **지금**[금 今] 현재를 살아간다. 아침과 낮에 **밝음**[명 明]이 있고, 저녁과 밤에 **어둠**[암 暗]이 있는 것처럼 **동서고금**(東西古今 – 동양과 서양, 옛날과 지금. 곧 언제 어디서나)을 통틀어 인간의 역사에도 **밝음과 어둠**[명암 明暗]이 있다.

朝夕 조석 — 아침과 저녁

朝 아침 조	풀 사이로 아침 해가 떠오르는데 전날 달의 잔영이 아직 남아 있다는 뜻 艹(艸)(풀 초) + 日(해 일) + 月(달 월)	
夕 저녁 석	저녁 달의 모양	

古今 고금 — 옛날과 지금

古 옛 고
十 (열 십) + 口 (입 구)
입으로 열 번째 말할 정도면 이미 옛일이란 뜻

今 이제 금
방울 달린 종 모양으로, 원래의 '종'이란 뜻은 없어지고 '이제', '지금'이라는 뜻으로 쓰임.

明暗 명암 — 밝음과 어두움

明 밝을 명
日 (해 일) + 月 (달 월)
해와 달이 밝게 빛나는 것을 뜻함.

暗 어두울 암
日 (해 일) + 音 (소리 음)
해가 지면 어둡다는 것을 뜻함.

6 밝음과 어둠으로 이어지는 시간

晝夜 주야 낮과 밤

晝 낮 주
聿(붓 율) + 日(해 일) + 一(한 일)
해가 밝게 빛나 붓으로 글을 쓸 수 있는 낮을 뜻함.

夜 밤 야
亠(大)(사람 그림자 모양) + 夕(月)(달 월)
달빛이 밝은 밤에 사람의 그림자가 길게 드리워져 있는 모습에서 밤을 뜻함.

暗記 암기	暗 記			
前夜 전야	前 夜			
晝間 주간	晝 間			
古木 고목	古 木			
秋夕 추석	秋 夕			
今年 금년	今 年			

이야기 속의 한자

- **아침에 바꾸고, 저녁에 또 고치고**

"나 오늘 영화 구경 가려는데 함께 가자."

친구의 제안에 좋다고 대답을 했는데 조금 있다가 그 친구가 다시 전화를 해서 이렇게 말한다.

"계획이 바뀌었어. 맛있는 저녁을 먹으러 가자."

막상 저녁때가 되어 약속 장소에 가려는데 친구가 또 연락한다.

"마음이 바뀌었어. 오늘은 그냥 쉬고 내일 만나."

이렇게 아침에 이러저런 계획을 세웠다가 저녁이면 또 마음을 바꿔 다른 계획을 세우는 사람과 함께 뭔가를 해 나간다면 어떨까? 계획에 따라 일을 하려고 하면 또 다른 계획이 나오고, 다른 계획에 따라 일을 진행하면 또 다른 계획이 나와서 지금까지 한 일이 모두 허탕이 되어 버리고……. 생각만 해도 화가 치솟는다.

우리나라에서 자주 바뀐 것 중의 하나가 입시 제도이다. 1945년 이후 지금까지 입시 제도의 큰 틀만 스무 번 가까이 바뀌었다. 작은 변화는 무수히 많아 거의 해마다 바뀌었을 것이다. 백 년을 바라보고 큰 계획을 세워야 한다는 교육이 해마다 바뀌는 꼴이니 그야말로 조변석개(朝變夕改)의 정책이다. 조변석개는 아침에 바꾼 것을 저녁에 다시 고친다는 뜻으로 정책이나 법령, 계획이 자주 바뀔 때 쓰는 말이다. 변덕을 잘 부리는 사람을 가리키거나 상황에 따라 자주 일의 계획을 바꿀 때도 이런 말을 쓴다. 깊이 생각하고 두루 헤아려서 하나의 방향을 세우고 진득하게 추진해 나갈 때 나라, 사회, 개인이 모두 성장하고 발전하지 않을까.

- **朝變夕改 조변석개**
  朝:아침 조, 變:변할 변, 夕:저녁 석, 改:고칠 개
  아침에 바꾸고 저녁에 고친다는 뜻

7 희망을 품고, 넓고 아름다운 세상을 향해

어찌 보면 인간은 너른 **우주**(宇宙) 속에서 먼지처럼 작은 **존재**(存在)이다. 하지만 언어를 통해 힘을 모으고, **사상**(思想)과 학문을 발전시키면서 인간은 작은 마을에서 전 지구로, 지구에서 우주로 **희망**(希望)차게 자기 세계를 넓혀 갔다. 그 과정에 고통도 있고, 파괴도 있고, 인류의 미래에 대한 두려움도 있었다. 이제 우리는 인간과 자연의 **생존**(生存)을 위해 함께 살아가는 길을 찾아야 할 것이다.

希望 희망   기대해서 바라는 것

希 바랄 희

乂 (엇갈리게 짜인 무늬) + 布 (베 포)

무늬가 잘 짜인 베(옷감)는 값나가는 물건이어서 누구나 갖기를 바란다는 뜻

望 바랄 망

亡 (망할 망) + 星 (눈을 크게 뜨고 바라보는 모양)

사람이 눈을 크게 뜨고 높이 멀리 바라본다는 뜻

存在 존재 실제 있는 것

 있을 존	才(在) + 子 (있을 재) (아들 자) 아이가 태어나는 것으로 존재, 있다는 뜻이 됨.	
 있을 재	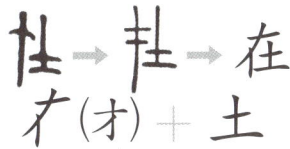 才(才) + 土 (재주 재) (흙 토) 싹을 틔우는 생명력이 흙 속에 있음을 뜻함.	

思想 사상 사회, 인생 등에 대한 일정한 견해

 생각 사	田(囟) + 心 (밭 전)(정수리 신) (마음 심) 머리[정수리(囟)]와 마음으로 생각하는 것을 뜻함.	
 생각 상	相 + 心 (서로 상) (마음 심) 어떤 것에 대해 마음으로 생각한다는 뜻	

7 희망을 품고, 넓고 아름다운 세상을 향해

宇宙 우주   온갖 사물이 있는 공간

宇 집 우	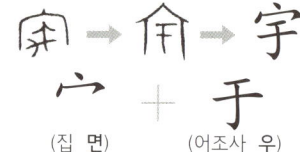 (집 면) + (어조사 우) 크고 둥근 지붕이 있는 집을 뜻함.	
宙 집 주	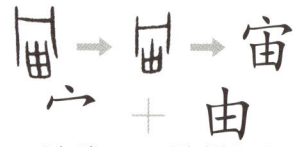 (집 면) + (말미암을 유) 집을 덮는 하늘 또는 지붕[宀]을 뜻함.	

| 希望
희망 |
| 存在
존재 |
| 思想
사상 |
| 宇宙
우주 |
| 生存
생존 |
| 意思
의사 |

이야기 속의 한자

○ 사마천에게 남은 희망

　사마천은 기원전 145년쯤에 태어나 살던 한나라의 역사학자이다. 사관(史官:역사를 기록하는 관리)으로 일하던 중 사마천은 치욕스러운 벌을 받았다. 벌을 받게 된 까닭은 왕의 심기를 불편하게 했기 때문이다. 이릉이라는 사람이 북방 원정을 나갔다가 흉노에게 포위되어 후퇴한 일이 있었다. 그래서 이릉을 문책하는 어전 회의를 열었는데, 사마천이 이 회의에서 이릉을 변호한 것이다.

　그럼에도 사마천은 시련을 견디면서 역사를 기록했다. 그는 역사 기록에 관한 한, 다음과 같은 사상(思想)을 갖고 있었다.

　　인간은 마음속에 답답하게 응어리진 게 있으면서도 이것을 풀어 버릴 길이 없으면 과거사를 쓰고, 그것을 통해 미래의 역사를 생각하게 됩니다.

　가슴에 응어리진 것을 이상한 방향으로 풀어 버리는 사람이 있다. 희망(希望)을 잃고 자포자기(自暴自棄)하여 끝없는 타락의 길로 빠지는 것이다. 그러나 자기에게 닥친 시련을 오히려 발판으로 삼아 역사 속에 위대한 자취를 만들어 낸 사람도 있다.

○ **自暴自棄 자포자기**　自:스스로 자, 暴:사나울 포, 棄:버릴 기
　절망에 빠져 자신을 포기하고, 스스로 자신을 해치고 버린다는 뜻

8 달콤하고도 쌉쌀한 길

어느 시인은 **곧은**[직 直] 길보다 **구부러진**[곡 曲] 길이 좋다고 노래했다. 순탄하게 살아온 사람보다 삶의 **단맛**[감 甘]과 **쓴맛**[고 苦]을 맛보며 살아온 사람은 일이 쉽게 풀리지 않기에 순간순간 자신에게 **묻고 답하며**[문답 問答] 길을 간다. 이런 사람들은 일의 **앞뒤**[선후 先後]를 헤아릴 줄 알고 사람들을 품어 줄 줄 아는 지혜를 지니고 있다.

甘苦 감고 단맛과 쓴맛

甘 달 감	甘 → 甘 → 甘 입안에 달콤한 것을 물고 있는 모양	
苦 쓸 고	⺾(艸) (풀 초) + 古 (예 고) 쓴맛이 나는 풀을 뜻함.	
甘	甘	
苦	苦	

曲直 곡직 굽음과 곧음. 옳고 그름

曲 굽을 **곡**	ㅂ → 囲 → 曲 물건을 담을 수 있는 굽은 그릇 모양	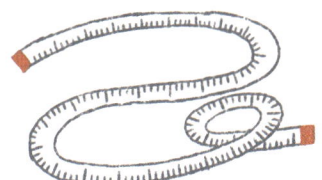
直 곧을 **직**	↓ → ⊌ → 直 눈(目) 위에 곧은 직선을 그려서 '똑바로 보다', '곧다'는 의미로 쓰임.	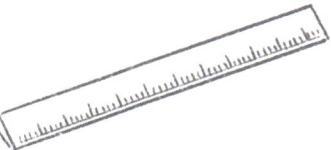
曲 曲		
直 直		

問答 문답 묻고 대답함.

問 물을 **문**	門 + 口 (문 문) (입 구) 입[口]으로 물어본다는 뜻	
答 대답할 **답**	竹 + 合 (대 죽) (합할 합) 둘로 조각난 대나무가 딱 맞게 합쳐지듯 물음에 알맞게 대답한다는 뜻	
問 問		
答 答		

8 달콤하고도 쌉쌀한 길

이야기 속의 한자

● 책벌레 세종대왕

　세종(世宗, 1397~1450)은 33년 동안 왕위에 있으면서 나라를 잘 다스리고자 했다. 30여 년을 한결같이 새벽에 잠자리에 들었다가 아침 일찍 일어나 정사를 돌보고 학문을 익혔으니, 심신(心身)이 고달팠을 것이다.

　세종이 동궁(왕세자)이었을 때의 이야기이다. 세종이 몇 달 동안 병석에 누워 있게 되었는데도 손에서 결코 책을 놓지 않았다. 이에 건강을 염려한 아버지 태종은 불문곡직(不問曲直)하고 모든 책을 거두어 감추도록 명했다. 그런데 병풍 사이에 책 한 권이 남아 있는 것을 발견한 세종은 그 책을 수백 번이나 읽었다고 한다.

　세종은 자신의 총명함만을 믿지 않고 중요한 책은 백 번씩 읽어 그 뜻을 완전히 터득했다. 이렇듯 학문을 좋아했기 때문에 세종은 우리의 자랑스러운 문화유산인 한글을 창제할 수 있었던 것이다.

> ● **不問曲直 불문곡직**　不:아닐 불, 問:물을 문, 曲:굽을 곡, 直:곧을 직
> 어떤 것이 옳고 어떤 것이 그른지 묻지 않고 무작정 자신의 판단을 실행에 옮길 때 자주 사용하는 표현이다.

8 달콤하고도 쌉쌀한 길

9 사람은 누구나 장단점이 있다

사람은 누구나 **장단**(長短)점이 있다. 완벽한 사람도 없고, 단점만 있는 사람도 없다. 또한 사람은 힘이 **강하거나 약하거나**[강약 強弱], 지위가 **높거나 낮거나**[고저 高低], 재산이 많거나 적거나 모두가 동등한 인격체이다. 권력이 없다고 그 사람을 **가볍게**[경 輕] 여기거나 권력이 좀 있다고 그를 **중하게**[중 重] 여겨서는 안 된다.

長短 장단 — 길고 짧음, 장점과 단점

長 길 장
긴 머리를 한 사람의 모습으로 씨족의 장로, 어른을 뜻함.

短 짧을 단
矢(화살 시) + 豆(콩 두)
길고 짧음을 바르게 재는 화살[矢]과 작은 콩[豆]을 합해서 짧다는 뜻을 나타냄.

高低 고저 높고 낮음

高 높을 고

높이 세워진 망루(누각) 모양에서 높다는 뜻이 됨.

低 낮을 저

亻(人) (사람 인) + 氐 (근본 저)

사람이 몸을 구부려 자세를 낮춘다는 뜻

强弱 강약 강함과 약함

强 굳셀 강

弘 (클 홍) + 虫 (벌레 충)

큰 벌레에서 강하다는 뜻으로 쓰임.

弱 약할 약

弱 (활 궁) + 冫(彡) (터럭 삼)

두 개의 활과 터럭이 합한 모양으로, 활처럼 휘고 털처럼 부드럽다는 의미에서 약하다는 뜻이 됨.

9 사람은 누구나 장단점이 있다

輕重 경중   가벼움과 무거움

輕 가벼울 경	車 + 巠 (수레 거) (줄기 경) 수레가 가볍게 달린다는 뜻	
重 무거울 중	東→重→重 人 + 東(甬) (사람 인) (주머니 위아래를 묶은 모양) 사람이 무거운 짐을 등에 지고 있는 모습에서 무겁다는 뜻이 됨.	

| 輕 | 輕 | | | | | | |
| 重 | 重 | | | | | | |

高位 고위	高 位		
弱小 약소	弱 小		
强力 강력	强 力		
老弱 노약	老 弱		
家長 가장	家 長		
低下 저하	低 下		

이야기 속의 한자

○ **원숭이의 교만**

중국의 어떤 왕이 원숭이 사냥을 하러 산에 올라갔다. 원숭이에게 화살을 쏘자 원숭이들이 재빨리 숨었다. 그런데 한 원숭이만 나무 위에서 이리저리 뛰어다니며 무서워하지 않았다. 오히려 왕을 놀리는 듯했다. 약이 오른 왕은 신하들에게 일제히 쏘라고 명령했다.

결국 원숭이는 화살에 맞아 땅에 떨어졌다. 이 원숭이는 자신의 영리함만을 믿고 자만하다가 생명을 잃은 것이다.

재주나 실력이 남보다 조금 뛰어나다고 경망(輕妄)스럽게 행동하지 말라는 교훈을 주는 이야기이다.

○ **輕妄 경망** 輕:가벼울 경, 妄:망령될 망
행동이나 말이 가볍고 조심성이 없음.

10 대립되는 세상

살면서 우리는 무엇이 옳고 무엇이 그른지 **시비**(是非)에 대해 생각할 때가 많다. 어떤 사건에 부딪혔을 때 무엇이 선이며 무엇이 악인지, 인간의 본성은 선한지 악한지 혹은 **선악**(善惡)의 구별이 없는 상태인지를 고민한다. 사람이 살아온 역사를 돌아보면서 왜 사람들 사이에 **가난과 부유함**[빈부 貧富]이 존재하는지, 사람들이 하는 일에 **귀천**(貴賤)이 있는지를 묻기도 한다.

是非 시비   옳고 그름

是 옳을 시	룹 → 🙼 → 是 日 + 疋(正) (해 일) (바를 정) 해가 규칙적으로 떴다 지는 것처럼 바르고 옳다는 뜻이 됨.	
非 아닐 비	𐊠 → 𖠺 → 非 새의 양 날개가 서로 반대쪽으로 펼쳐 있는 모습에서 아니다, 그르다는 뜻이 됨.	
是 是		
非 非		

善惡 선악 착함과 악함

善 착할 선

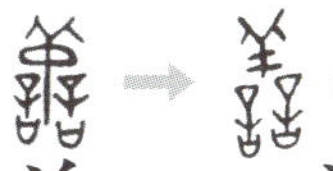

羋 → 𦎤 → 善
羊(양 양) + 言(말씀 언)
옛날 신성하게 여기는 양 앞에서 착한지 아닌지를 판결한다는 데서 착하다는 뜻이 됨.

惡 악할 악

亞(버금 아) + 心(마음 심)
나쁜 마음, 미워하는 마음을 뜻함.

貴賤 귀천 귀함과 천함

貴 귀할 귀

臾(臼)(양손으로 끌어당기는 모양) + 貝(조개 패)
옛날 화폐로 사용되던 귀중한 조개[貝]를 양손으로 끌어당기는 모양에서 귀하다는 뜻이 됨.

賤 천할 천

貝(조개 패) + 戔(적을 전)
화폐 가치가 적은 조개[貝]로 값이 싸다, 천하다는 뜻이 됨.

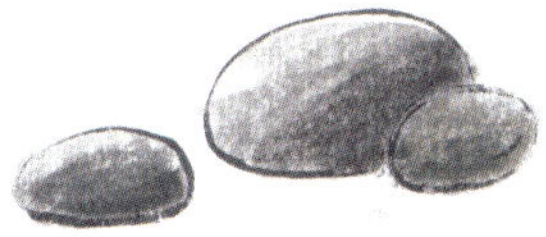

10 대립되는 세상

貧富 빈부 — 가난함과 부유함

貧 가난할 빈

分 (나눌 분) + 貝 (조개 패)

재물[貝]을 나누어[分] 가난하게 된다는 뜻

富 부유할 부

宀 (집 면) + 畐 (가득할 복)

병에 술이 가득 차듯이 집안에 재산이 많다는 뜻

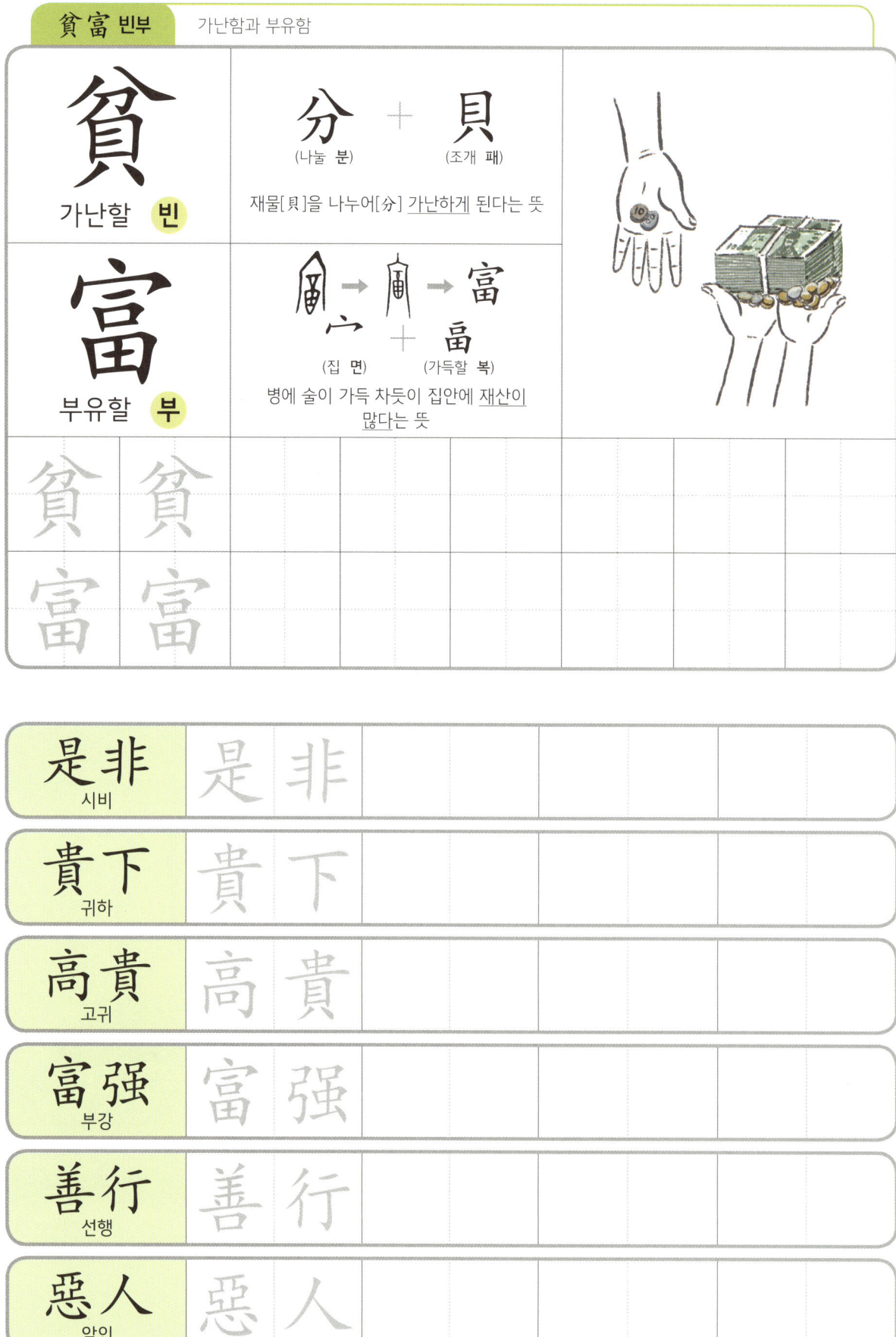

| 是非 시비 |
| 貴下 귀하 |
| 高貴 고귀 |
| 富强 부강 |
| 善行 선행 |
| 惡人 악인 |

이야기 속의 한자

○ **인간의 본성은 선한 것인가?**

어느 날 맹자의 제자가 물었다.

"선생님, 사람의 본성은 선한 걸까요? 아니면 악한 걸까요?"

맹자는 제자들에게 이런 이야기를 들려주었다.

"길을 가다가 어린아이가 우물에 빠지는 것을 보면 어떻게 할까? 어떤 포악한 사람이든 다 깜짝 놀라며 구해 주지 않겠는가? 그 부모에게 잘 보이기 위해서도 아니고, 사람들에게 칭찬을 듣기 위해서도 아니네. 물론 어린아이를 구해 주지 않았다고 비난하는 소리가 싫어서 그런 것도 아니지. 불쌍히 여기는 마음이 절로 일어난 거야. 곧 사람의 본성이 선하기 때문이네."

맹자는 사람의 본성이 원래 선하다는 성선설(性善說)을 주장하면서 사람에게는 어진 마음, 의로움, 예의, 지혜로움이 있어 짐승과는 다르다고 했다.

이와 달리 순자는 인간의 본성이 악하다는 성악설(性惡說)을 주장했다. 인간은 악한 성품을 타고나기에 노력해서 선을 이루는 것임을 강조했다.

인간답게 살기 위해 늘 올바름을 추구해야 한다는 생각은 두 사람의 공통된 생각일 것이다.

○ **性善說 성선설** 인간의 본성은 본디 선하다는 맹자의 주장
○ **性惡說 성악설** 인간의 본성은 본디 악하다는 순자의 주장

性:성품 성, 善:착할 선, 說:말씀 설, 惡:악할 악

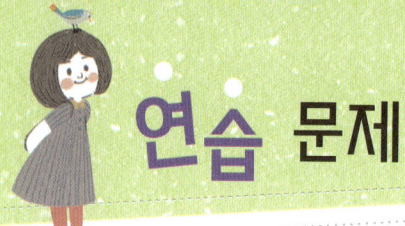

연습 문제

1. 다음 한자들을 반대자끼리 연결해 봅시다.

① 古 •   • 가 富
② 强 •   • 나 今
③ 是 •   • 다 弱
④ 貧 •   • 라 非

2. '口(입 구)' 자에 두 획을 더 그어 다른 한자를 셋 이상 만들어 봅시다.
예) 口 → 古

①   ②   ③

3. 다음 한자가 들어 있는 한자를 둘 이상 만들어 보고, 그 뜻과의 관계를 생각해 봅시다.
예) 月 → (朝), (明)

① 心 → (   ), (   )   ② 宀 → (   ), (   )
③ 日 → (   ), (   )   ④ 貝 → (   ), (   )

4. 다음 중 뜻이 같은 한자끼리 짝지어진 것에는 O표를, 뜻이 반대되는 한자끼리 짝지어진 것에는 △표를 해 봅시다.

① 存在 : (   )   ② 甘苦 : (   )
③ 先後 : (   )   ④ 希望 : (   )

5. 다음 한자어의 음을 써 봅시다.

① 問答 :   ② 輕重 :
③ 晝夜 :   ④ 善行 :

○ 다음 낱말 잇기의 빈 칸을 한자로 채워 봅시다.

● 세로 열쇠 ●

1. 선생(학생을 가르치는 사람)
2. 국가(나라)
4. 귀중(귀하고 소중함)
5. 희망(앞일에 대한 소원)
7. 장단(길고 짧음)
8. 고저(높고 낮음)
9. 동일(똑같음)
11. 하락(값이나 등급이 떨어짐)
13. 생존(살아 있음)
14. 강약(강함과 약함)
17. 곡직(굽음과 곧음)
18. 정답(바른 답)
19. 선행(착한 행실)

● 가로 열쇠 ●

1. 선진국(경제와 문화가 앞선 나라)   3. 부귀(부유하고 귀함)   6. 가장(집안의 어른)   10. 저하(수준이 내려감)
12. 구사일생(죽을 고비를 여러 번 넘기고 겨우 살아남)   15. 낙엽(떨어진 나뭇잎)   16. 약소(약하고 작음)
17. 곡명(악곡의 이름)   18. 정직(바르고 곧음)   19. 선악(착함과 악함)   20. 동문서답(동쪽을 물었는데 서쪽을 답함 → 엉뚱한 대답)   21. 언행(말과 행동)

연습 문제 정답

1. ① 나 ② 다 ③ 라 ④ 가   2. ① 田 ② 可 ③ 石 ④ 右   3. ① 思, 想, 意, 志 ② 宇, 宙, 家 ③ 時, 明, 晴, 畫 ④ 財, 賤, 貴, 貧   4. ① (O) ② (△) ③ (△) ④ (O)   5. ① 문답 ② 경중 ③ 주야 ④ 선행

11 인간관계의 바탕

내가 아끼는 사람들과 나는 따뜻한 사랑과 믿음과 존중으로 얽혀 있다. 부모님은 늘 **인자**(仁慈)한 모습으로 자식을 대한다. 따뜻한 미소와 헌신, 꾸짖음 모두가 자식을 향한 사랑일 것이다. 자식은 그 사랑에 보답하기 위해 부모님을 **존경**(尊敬)하며, **효도**(孝道)를 다한다. 다른 사람들과의 만남이 더욱 폭넓게 이루어질 때 서로 믿고, 올바르게 대하는 것의 중요함을 배울 수 있다. **신의**(信義)가 바로 그것이다.

仁慈 인자 — 어질고 자애로움

仁 어질 인
亻(人) (사람 인) + 二 (두 이)
사람이 사람을 사랑하고 친밀하게 지낸다는 데서 어질다는 뜻이 됨.

慈 사랑 자
兹 (이에 자) + 心 (마음 심)
사랑하는 마음을 뜻함.

孝道 효도 부모를 잘 섬기는 도리

효도 **효**

耂(老) + 子
(늙을 로) (아들 자)
자식이 늙은 부모님께 효도한다는 뜻

길·도리 **도**

辶(辵) + 首
(쉬엄쉬엄 갈 착) (머리 수)
사람이 걸어가는 길을 뜻함.

信義 신의 믿음과 의리

믿을 **신**

亻(人) + 言
(사람 인) (말씀 언)
사람은 말을 믿음 있게 해야 한다는 뜻

옳을 **의**

羊 + 我
(양 양) (나 아)
나의 마음을 양처럼 착하고 의리 있게 가진다는 데서 의리, 옳다라는 뜻이 됨.

11 인간관계의 바탕

尊敬 존경　받들어 공경하는 것

尊 높일 존

𩰨 → 㝯 → 尊
酋 + 寸
(술잔 모양)　(마디 촌)

술잔을 두 손으로 높이 받들고 있는 모습으로 높이다, 존경하다는 뜻이 됨.

敬 공경 경

苟 → 敬 → 敬
苟 + 攵(攴)
(몸을 구부려 꿇어앉은 모양)　(칠 복)

몸을 구부려 공경스럽게 제사를 올린다는 뜻

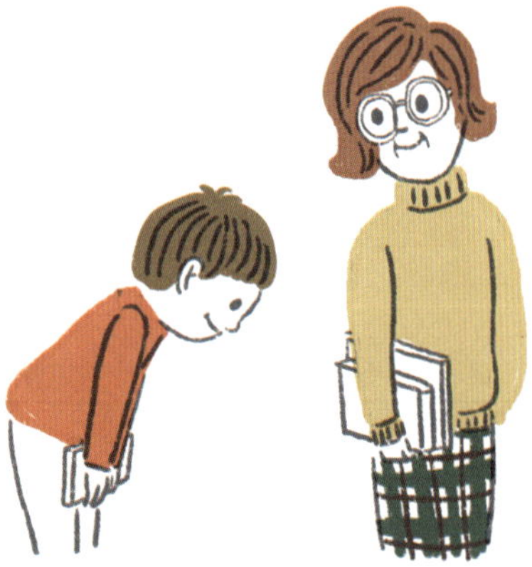

仁慈 인자	仁慈			
孝子 효자	孝子			
人道 인도	人道			
尊重 존중	尊重			
敬老 경로	敬老			
正義 정의	正義			

이야기 속의 한자

○ **까마귀의 효성**

　옛사람들은 까마귀를 '반포조(反哺鳥)'라고도 불렀다. 까마귀의 효성스러운 행동 때문에 붙여진 이름이다.

　어미 까마귀는 새끼들이 알에서 갓 깨어났을 때 온갖 정성을 들여 먹이를 물어다 먹여 준다. 새끼들은 먹이를 받아 먹고 무럭무럭 자라나 어미처럼 공중을 날게 된다. 이후 새끼 까마귀는 다 자라면 어미에게 돌아가 먹이를 물어다 먹여 줌으로써[반포 反哺] 그 은혜에 보답한다. 흔히 까마귀를 두고 불길한 새라고 하지만 사실은 이처럼 효성이 지극하다.

　까마귀가 어미 새에게 돌아가 먹이를 물어다 먹여 주는 모습에서 '다시 먹이는 효도'라는 뜻의 '반포지효(反哺之孝)'라는 말이 나왔다.

○ **反哺之孝 반포지효** 反:돌아갈 **반**, 哺:먹일 **포**, 之:어조사 **지**(~하는), 孝:효도 **효**
자식이 커서 어버이의 은혜에 보답하는 효성(먹을 것을 도로 물어다 먹여 주는 효성)을 뜻함.

12 돌도끼에서 우주선까지

인간이 최초로 만든 **물건**(物件)은 무엇일까? 원시 시대에 인간은 사냥을 위해 돌을 깨뜨려 돌도끼를 만들었다. 그러다가 돌을 갈아 점점 성능이 좋은 돌도끼를 만들었다. 처음에는 **불량품**(不良品)이 생기기도 했겠지만, 점차 기술이 향상되었을 것이다. 그러다가 청동에 이어 철을 **발견**(發見)하면서 인간의 도구는 놀랍도록 발전했다. 지금은 생활을 편리하게 해 주는 가전제품과 교통수단은 물론, 먼 우주를 향해 가는 우주선까지 만들기에 이르렀다.

物件 물건 — 일정한 모양을 갖춘 모든 물질적 대상

物 만물 물
牛(소 우) + 勿(말 물)
털 색깔[勿]이 여러 가지인 소[牛]에서 각각의 색깔을 가진 만물을 뜻함.

件 물건 건
亻(人)(사람 인) + 牛(소 우)
사람이 가진 물건 중 귀한 것이 소라는 뜻 (농경 시대)

不良 불량　성질, 행실 따위가 나쁜 것. 물건의 질이 좋지 못함.

不 아닐 불

원래는 꽃받침 모양이나 나중에 아니다로 뜻이 변함.
'不' 자 뒤에 'ㄷ'이나 'ㅈ'이 오면 '부'로 읽는다.
예) 不正(부정), 不動(부동)

良 어질·좋을 량

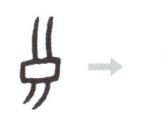

곡물 중 좋은 것을 가려내기 위한 주머니(위아래가 뚫려 흐르게 되어 있음) 모양으로 좋다는 뜻이 됨.

發見 발견　미처 보지 못했던 사물을 찾아내는 것

發 필·쏠 발

癶(止) + 弓 + 殳
(출발할 때의 양쪽 발 모양) (활 궁) (칠 수)

'癶'은 양쪽 발의 모양으로 출발하려는 자세.
아랫부분은 전쟁을 시작할 때 먼저 활[弓]을 쏘아서[殳] 알린다는 데서 피다, 쏘다, 출발하다는 뜻이 됨.

見 볼 견

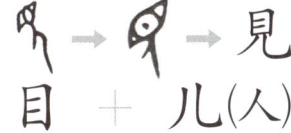

目 + 儿(人)
(눈 목) (걷는 사람 인)

사람[人]의 눈[目]을 강조한 모습으로 보다라는 뜻이 됨.

12 돌도끼에서 우주선까지

이야기 속의 한자

○ 백 번 쏘아 백 번 다 맞힌다

　화살은 돌도끼에 이어 인간이 만든 사냥 도구이다. 오랜 역사를 지닌 물건이기에 세계 곳곳에는 활을 잘 쏘던 명사수(名射手)의 이야기들이 전한다.

　고구려의 주몽은 화살로 날아가는 파리를 맞혔고, 스위스의 윌리엄 텔은 아들의 머리 위에 놓인 사과를 쏘아 맞히기도 했다.

　중국의 양유기라는 사람도 활을 잘 쏘았다. 그는 백 걸음 떨어진 곳에서 버들잎을 쏘아도 백 번 쏘아 백 번 다 맞혔다. 여기에서 생긴 말이 '백발백중(百發百中)'이다.

　백 번 쏘아 백 번 다 맞힌다는 뜻으로, 미리 생각한 일들이 꼭꼭 들어맞는 경우에도 이 말을 쓴다.

> ○ **百發百中 백발백중** 百:일백 백, 發:쏠 발, 中:가운데 중
> 　총과 활 같은 것이 겨눈 곳을 꼭꼭 맞힘.

13 경제 활동이 이루어지는 시장

물건을 교환하는 데서 시작된 **시장**(市場)은 좁게는 물건을 사고파는 곳이지만, 넓게 보면 우리의 경제 활동이 이루어지는 곳이다. 시장은 공장에서 만든 물건들을 비롯해 농촌과 어촌 등 **각지**(各地)에서 나는 물건들이 모여들고, 파는 사람 사이의 경쟁과 사는 사람의 선택이 이뤄지는 곳이다.
마을[동리 洞里]을 이루고 사는 사람들이 모이고 흩어지는 중심지는 시장이다.

市場 시장 상품을 사고파는 장소

市 시장 시	↰ → 市 옛날에 시장이 열리는 장소를 표시하기 위해 세워 놓은 높은 나무 모양으로 <u>시장</u>을 뜻함.
場 마당 장	土 (흙 토) + 昜 (빛날 양) 흙을 쌓아 올려 평평하게 만든 <u>땅</u>, <u>마당</u>, 장소를 뜻함.

市	市						
場	場						

各地 각지 각각의 지방

各 각각 각	 (아래로 향하는 발 모양) + 口 (입 구) 움집 구덩이로 내려오는 발이 계단을 하나씩 밟아 내려온다는 데서 각각이라는 뜻이 됨.	
地 땅 지	土 (흙 토) + 也 (어조사 야) 만물을 생산하는 땅, 토지, 대지를 뜻함.	

洞里 동리 마을

洞 마을 동	氵(水) (물 수) + 同 (같을 동) 강이나 하천 등 물이 흐르는 곳을 중심으로 마을이 생겨난 데서 마을, 고을을 뜻함.	
里 마을 리	田 (밭 전) + 土 (흙 토) 논밭이 있는 곳, 사람이 모여 사는 마을을 뜻함.	

이야기 속의 한자

- **'문전성시'라는 말만 듣고**

　중국 한나라의 왕 애제가 나라의 정치를 잘 돌보지 않자, 어진 신하였던 정숭이 왕에게 외척 세력을 멀리하고 백성을 잘 다스리는 바른 정치를 하라고 간언했다. 당시 황후의 집안사람들이 권력을 잡고 나라를 어지럽히고 있었다.

　하지만 왕은 정숭의 말을 듣지 않고, 더욱 외척 세력에게 휘둘리기만 했다. 정숭을 시기하던 조창이라는 사람이 정숭을 모함하는 말을 했다.

　"정숭을 찾는 사람이 많아 문 앞에 사람이 득실거려서 시장을 이룬 것 같습니다[문전성시 門前成市]. 정숭이 사람들과 어울려 역모를 꾸미나 봅니다."

　이 말을 들은 왕이 정숭을 불렀다.

　정숭은 이렇게 말했다.

　"저의 집 앞은 시장 거리 같은지 몰라도 제 마음은 물처럼 맑습니다."

　그러나 정숭을 의심한 왕은 그를 감옥에 가두었고, 결국 정숭은 그곳에서 삶을 마쳤다. 나라를 잘 이끌지 못하는 권력자는 간신의 사소한 말에도 판단을 그르치는 법이다.

- **門前成市 문전성시**　門:문 문, 前:앞 전, 成:이룰 성, 市:시장 시

　문 앞이 마치 시장이 선 것처럼 되었다는 뜻으로, 찾아오는 사람이 너무 많아 문 앞이 사람으로 가득 찼다는 의미이다.

14 먹을거리를 생산하는 농촌

사람들이 처음으로 마을을 이루어 살기 시작했을 때, 그 마을은 **농촌**(農村)이었다. 도시가 상업이나 공업 중심이라면 농촌은 농업 중심의 마을이다. 농촌은 논과 밭을 만들 수 있는 **평야**(平野) 지대에 자리 잡는다. 곡식, 채소, 과일 등을 재배하여 기본 식량을 **생산**(生産)하고, 그것을 통해 **소득**(所得)을 올리며 사는 농민들은 우리의 삶을 지탱해 주는 사람들이다.

利用 이용 필요에 따라 이롭게 쓰는 것

利 이로울 리

利 → 利 → 利
禾 + 刂(刀)
(벼 화)   (칼 도)

날카로운 칼로 벼를 베면 이익(수확)이 생긴다는 데서 이롭다, 날카롭다는 뜻이 됨.

用 쓸 용

用 → 用 → 用

나무로 잘 짜 놓은 울타리 모양으로 사용하다, 시행하다는 뜻이 됨.

所得 소득 어떤 일의 결과로 생긴 이익

바·곳 **소**

戶 + 斤
(집 호)   (도끼 근)

집[戶]에 도끼[斤]가 놓여 있는 곳으로 장소, 곳을 뜻함.

얻을 **득**

彳 + 㝵(貝+又)
(조금 걸을 척) (손에 조개를 쥐고 있는 모습)

조개(화폐)를 손에 쥐고 나간다는 데서 얻다라는 뜻이 됨.

平野 평야 아득하게 너른 들

평평할 **평**

물 위에 평평하게 뜬 물풀의 모양에서 고르다, 평평하다는 뜻이 됨.

들 **야**

里 + 予
(마을 리) (나 여)

마을 밖의 들판을 뜻함.

村 마을 촌	木 (나무 목) + 寸 (마디 촌) 사람이 모여 사는 마을에 나무가 심어져 있다는 데서 마을이란 뜻이 됨.	
村 村		
産 낳을 산	生 (날 생) + 产(彦) (선비 언) 낳는다는 뜻에서 물건을 만들어 낸다는 뜻으로 쓰임.	
産 産		

有利 유리	有 利
場所 장소	場 所
農村 농촌	農 村
生産 생산	生 産
野外 야외	野 外
國産 국산	國 産

이야기 속의 한자

○ **개미를 이용해서 구슬을 꿰다**

　공자가 여러 나라를 돌아다닐 때의 일이다. 한번은 진나라 사람들에게 붙들려 봉변을 당하게 되었다.

　공자를 미워한 사람들은 구슬 한 개를 내놓고는 그 구멍에 실을 꿰라고 했다. 그런데 그 구슬의 구멍은 아홉 구비로 꼬불꼬불 뚫려 있어서 도저히 실을 꿸 수가 없었다. 공자가 어느 뽕나무 밭둑을 거닐며 생각에 잠겨 있었는데, 한 여자가 나타나 말했다.

　"여보세요, 꿀을 이용해 보세요. 꿀을……."

　공자는 번쩍 생각이 떠올랐다.

　구슬 구멍 끝에 꿀을 발라 놓고 개미 허리에 실을 매달아 놓으니, 개미는 꿀 냄새를 맡고 구멍으로 잘도 기어들어 갔다.

　이리하여 공자는 봉변을 면할 수 있었다.

○ **利用 이용** 利:이로울 리, 用:쓸 용
　대상을 필요에 따라 이롭게 씀.

15 우리 삶을 편안하게 하는 정치

학교 교실 안에서 학생 모두 행복하게 잘 지내기 위해서는 협력이 필요하며, 다양한 의견과 갈등을 **조화**(調和)시킬 수 있어야 한다. 한 나라의 **정치**(政治)도 그와 같다. 나라 안의 정치가 **안정**(安定)되어야 다른 나라와의 **교류**(交流)도 활발하게 이루어질 수 있다. 나라의 정치가 안정되고 이웃 나라와의 교류가 활발히 이루어질 때 평화로운 **통일**(統一)의 길이 열리며, 우리 경제도 더욱 발전할 것이다.

政治 정치 　 나라를 다스리는 일

政 정사 정	敊 → 政 → 政 正 + 攵(攴) (바를 정) (칠 복) 다른 나라를 정복해 바르게 다스린다는 데서 다스리다, 정치라는 뜻이 됨.	
治 다스릴 치	氵(水) + 台 (물 수) (기뻐할 이) 홍수를 막기 위해 물의 흐름을 다스린다는 뜻	

政 政
治 治

安定 안정　흔들림 없이 안전하게 자리 잡는 것

安 편안할 안

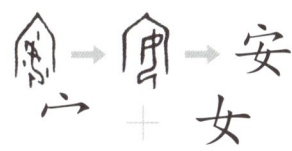
(집 면) + (여자 녀)
여자가 집 안에서 편안하게 생활한다는 뜻

定 정할 정

(집 면) + 疋(正) (바를 정)
집안을 바르고 안정되게 다스린다는 데서 편안하다, 정하다라는 뜻이 됨.

安 安
定 定

交流 교류　서로 통하는 것

交 사귈 교

사람이 다리를 교차하고 있는 모양에서 교류하다, 사귀다라는 뜻이 됨.

流 흐를 류

氵(水) + 㐬
(물 수) (떠내려가는 모양)
물에 무언가가 떠서 흘러간다는 뜻

交 交
流 流

15 우리 삶을 편안하게 하는 정치

이야기 속의 한자

● **호랑이보다 무서운 것**

　중국 고대의 사상가 공자는 노나라에서 태어났지만, 평생 여러 나라를 돌아다니며 인간과 정치가 나아갈 올바른 길에 대해 가르쳤다.

　어느 날, 공자가 제자들과 함께 길을 가던 중 무덤 앞에서 슬피 우는 여인을 만났다.

　"왜 이렇게 슬피 울고 있습니까?"

　여인이 울며 대답했다.

　"시아버지, 남편, 아들이 다 호랑이에게 먹히고 말았습니다."

　이 말을 들은 공자가 차라리 다른 곳에 가서 살면 어떠냐고 묻자, 여인은 이렇게 말했다.

　"에휴, 무슨 말씀입니까? 차라리 여기에서 사는 것이 낫습니다. 다른 곳으로 가면 무거운 세금 때문에 살기 힘듭니다."

　이 말을 들은 공자는 제자들에게 말했다.

　"가혹한 정치는 호랑이보다 더 무섭다는 것을 알려 준다."

　여기서 나온 말이 '가정맹어호(苛政猛於虎)'이다.

● **苛政猛於虎 가정맹어호**
苛:가혹할 **가**, 政:정사 **정**, 猛:사나울 **맹**, 於:어조사 **어**(~보다), 虎:호랑이 **호**
가혹한 정치는 호랑이보다 무섭다는 뜻으로, 가혹한 정치의 폐해를 비유하는 말

연습 문제

1. 다음 두 한자를 비교해 보고, 그 뜻과 음을 써 봅시다.

① 古 :　　② 同 :　　③ 正 :　　④ 非 :
　 苦 :　　　 洞 :　　　 政 :　　　 悲 :

2. 다음 한자어의 음을 써 보고, 소리가 왜 달라지는지를 알아봅시다.

① 不良 :　　② 利用 :　　③ 未來 :
　 不正 :　　　 有利 :　　　 來年 :
　 不動 :

3. 다음 □ 안에 알맞은 한자를 〈보기〉에서 골라 써 봅시다.

〈보기〉　所　産　見　里　孝　敬

① □道　　② 發□　　③ □洞
④ □得　　⑤ □生　　⑥ □尊

4. 다음 한자의 공통된 부분을 써 보고, 그 뜻과의 관계를 생각해 봅시다.

① 洞-流 :　　　② 生-産 :
③ 場-地 :　　　④ 仁-信 :

5. 다음 한자어의 음을 써 봅시다.

① 市長 :　　　② 農村 :
③ 政治 :　　　④ 安定 :

○ 다음 낱말 잇기의 빈 칸을 한자로 채워 봅시다.

● 세로 열쇠 ●

2. 야외(시가지에서 좀 떨어진 들)
4. 양심(어진 마음)
5. 정의(올바른 도리)
7. 신용(확실하리라고 믿음)
8. 인도(사람이 다니도록 만든 길)
10. 미안(부끄럽고, 편안치 않은 마음이 있음)
13. 전국 각지(온 나라 각 지방)
15. 발견(알려지지 않은 사물을 맨 처음 찾음)
16. 중류(중간쯤 되는 정도나 계층)
18. 품위(사람이 갖추어야 할 위엄)
20. 유리(이익이 있음)

● 가로 열쇠 ●

1. 평야(아득하게 너른 들) **3.** 불량품(질이 좋지 못한 물건) **6.** 외가(어머니의 친정)
7. 신의(믿음과 의리) **9.** 이용(필요에 따라 이롭게 씀) **11.** 효도(부모를 잘 섬기는 도리)
12. 안전(위험이나 고장이 날 염려가 없음) **14.** 백발백중(백 번 쏘아 백 번 다 맞힘)
17. 국산품(국내에서 생산된 물건) **19.** 각각(제각기) **21.** 지명(마을·지역의 이름)
22. 감언이설(남의 비위를 맞추기 위한 달콤한 말)

연습 문제 정답

1. ① 예 고/쓸 고 ② 같을 동/마을 동 ③ 바를 정/정사 정 ④ 아닐 비/슬플 비 **2.** ① 불량, 부정, 부동→ 우리말에서 '不' 자 뒤에 'ㄷ, ㅈ' 음이 오면 '부'로 읽음 ② 이용, 유리→ 우리말에서 'ㄹ, ㄴ' 음이 첫머리에 오는 것을 꺼려 'ㄹ'이 'ㄴ,ㅇ'으로 'ㄴ'이 'ㅇ'으로 발음됨. ③ 미래, 내년→②와 같은 이유 **3.** ① 孝 ② 見 ③ 里 ④ 所 ⑤ 産 ⑥ 敬 **4.** ① 氵(水) ② 生 ③ 土 ④ 亻(人) **5.** ① 시장 ② 농촌 ③ 정치 ④ 안정

¹平	野		³不	良	品		⁵正
	⁶外	家		⁴心		⁷信	義
					⁸人	利	用
¹⁰未		¹¹孝	道				
安	¹³全			¹⁴百	¹⁵發	百	¹⁶中
	¹⁷國	産	¹⁸品		見		流
¹⁹各	各		位			²⁰有	
	²¹地	名		²²甘	言	利	說

연습 문제 73

16 사회 제도의 빛과 그늘

사회(社會)를 잘 이끌어 가기 위해 사람들은 여러 가지 **제도**(制度)를 만들었다. **법률**(法律), 계급, 도덕 등 우리 사회의 여러 규범이 모두 제도이다. 제도는 사람들을 지켜 주기도 하지만 때로는 억누르기도 한다. 잘못된 법률이나 계급 제도 등 사람들을 억압하고 차별하는 제도는 **불합리**(不合理)하다. 사회 제도가 합리적으로 갖춰질 때, 그 사회는 바람직한 방향으로 발전해 갈 수 있다.

制度 제도 — 사회생활에 필요한 일정한 방식 등을 정해 놓은 체계

制 법도·만들 제
𣪘 → 制
朱 + 刂(刀)
(가지 달린 나무 모양) (칼 도)
나무의 가지를 칼로 다듬고 정리한다는 데서 만들다, 제도라는 뜻이 됨.

度 법도·제도 도
广(庶) + 又(ㅋ)
(여러 서) (손 모양)
손으로 길이, 척도를 잰다는 데서 법도라는 뜻이 됨.

社會 사회 인간이 모여 사는 곳

社 토지신·단체 **사**

 +
(보일 시) (흙 토)

토지신에게 제사 지내기 위해 많은 사람이 모인다는 뜻

會 모일 **회**

시루(찌는 도구) 위에 뚜껑 덮인 그릇을 얹어 놓고 음식물을 모아 찌는 모양에서 모이다라는 뜻이 됨.

法律 법률 사회 질서를 유지하기 위해 국가가 정한 규범

法 법 **법**

氵(水) + 去
(물 수) (버릴 거)

옳고 그름을 물[水]처럼 공평하게 가려 죄를 제거[去]한다는 의미로 법을 뜻함.

律 법·가락 **률**

 +
(조금 걸을 척) (붓 율)

법령을 글로 써서[聿] 길거리[彳]에 붙인다는 의미에서 법률이란 뜻이 됨.

16 사회 제도의 빛과 그늘

合 합할 합
그릇과 뚜껑이 딱 맞게 합쳐진 모양에서 합하다라는 뜻이 됨.

理 다스릴 리
王(玉) (구슬 옥) + 里 (마을 리)
옥의 고운 결을 잘 갈아 낸다는 데서 다스리다, 이치라는 뜻으로 쓰임.

會談 회담
大會 대회
理想 이상
合計 합계
會社 회사
法度 법도

이야기 속의 한자

○ 최북의 저항

조선 후기의 화가 최북(崔北)은 중인(中人:양반과 평민 사이의 중간 계급)의 아들로 태어났다. 중인은 평민이나 천민보다는 덜했으나 양반들에게 함부로 부림을 받던 계급(階級)이었다. 최북은 그림에 재주가 있어 화가가 되었고 산수화에 뛰어났는데, 특히 산, 물, 집, 나무를 잘 그렸다.

최북은 자(字:본이름 외에 부르는 이름)를 칠칠(七七)이라고 했는데, '七七(칠칠)'은 '北(북)' 자를 둘로 쪼갠 글자이다. '칠칠치 못하다.'는 뜻도 있고, '7×7=49'의 49는 사람이 죽은 지 49일 만에 의식을 치르는 '49재'란 뜻에서 '죽은 운명'을 상징한 숫자이기도 하다. 그는 소신이 뚜렷하고 의지가 강해서 많은 일화를 남겼다.

한번은 어떤 거지가 와서 산수화를 그려 달라고 부탁했다. 최북은 정성스럽게 그림을 그려 주었다. 거지가 최북의 그림을 받았다는 말에 한 부자가 돈을 들고 와서 그림을 부탁했다. 그런데 최북이 그려 준 그림에는 산만 덩그러니 있고 물은 그려 있지 않았다. 왜 물은 그리지 않았느냐고 물으니, 최북은 붓을 내던지며 퉁명스럽게 말했다.

"종이 밖은 모두 물이잖소?"

아무리 부자라도 성품이 덕스럽지 못했기 때문에 일부러 물을 그려 주지 않은 것이다. 힘 있고 거들먹거리는 사람들을 비웃는 최북의 기이한 행동은 무수히 많았다. 그 사회의 신분(身分) 차별(差別)과 힘 있는 자들의 허위에 온몸으로 거부하는 의지를 보인 것이다.

○ **階級 계급** 階:섬돌 계(섬돌:집채의 앞뒤에 오르내릴 수 있게 놓은 돌층계), 級:등급 급
사회나 일정한 조직 안에서의 지위나 관직 따위의 단계. 신분, 재산, 직업 따위가 비슷한 사람들로 형성되는 집단 또는 그렇게 나뉜 사회적 지위

○ **差別 차별** 差:다를 차, 別:나눌 별
각각 등급이나 수준 따위의 차이를 두어서 구별함.

17 지혜와 지식을 배울 수 있는 학교

인터넷이나 학습 로봇을 통해 배우면 학교를 **설립**(設立)할 필요가 없다고 하는 사람도 있다. 그러나 학교에서 우리는 **지식**(知識)을 얻을 뿐 아니라, **우정**(友情)을 쌓고 다양한 인간관계를 이룬다. 물론 학교보다 더 큰 학교에서도 배워야 한다. 사회와 **자연**(自然), 이 세상이 바로 더 큰 학교이다.

學校 학교   교육을 실시하는 기관

學 배울 학

𦥑 + ⌂ + 爻 + 子
(양쪽 손 모양) (건물 모양) (가르침) (아들 자)

공부를 가르치는 곳[⌂]에서 아이들[子]이 양손 [𦥑]에 책을 들고 가르침을 본받아[爻] 배운다는 뜻

校 학교 교

木 + 交
(나무 목) (사귈 교)

나무로 지어진 학교 건물을 뜻함.

 **知識 지식**   배워서 알게 된 명확한 이해

知 알 지

矢 (화살 시) + 口 (입 구)

화살이 과녁을 뚫고 지나가듯 상황을 정확하게 판단할 수 있는 지식을 뜻함.

識 알 식

言 (말씀 언) + 戠 (차진흙 시)

말을 듣고 알게 된다는 뜻

 **友情 우정**   친구 사이의 정

友 벗 우

ナ(𠂇) (왼손 모양) + 又(彐) (오른손 모양)

손을 잡고 서로 돕는 친구를 뜻함.

情 뜻 정

忄(心) (마음 심) + 靑 (푸를 청)

마음에서 우러나는 따뜻한 정을 뜻함.

이야기 속의 한자

● **말과 개미에게서 배운 지혜**

중국 제나라의 관중과 습붕은 고죽국이라는 작은 나라를 정벌했다. 그런데 정벌하러 갈 때는 봄이었지만 돌아올 때는 겨울이 되어서 그만 길을 잃고 말았다. 이때 관중이 이렇게 말했다.

"이럴 때는 늙은 말의 지혜가 도움이 된다."

이윽고 늙은 말을 풀어놓고 그 뒤를 따라가서 길을 찾았다.

한번은 산길을 가는데 물이 없어 목이 말랐다. 그러자 습붕이 이렇게 말했다.

"개미는 겨울이면 산의 양지에 살고 여름에는 음지에 사는데, 개미집의 높이가 한 치일 때 그 지하(地下) 여덟 자를 파면 반드시 물이 나온다."

개미집을 찾아 그 아래를 팠더니 정말 물이 나왔다.

이 이야기는 하찮은 말과 개미에게서 지혜를 배운다는 뜻을 담고 있다. 어리석은 사람은 잘난 척만 하고, 현명한 사람에게조차 배우기를 꺼려 하는 일이 많으니 큰 잘못이다.

● **老馬之智 노마지지** 老:늙을 로, 馬:말 마, 之:어조사 지(~의), 智:지혜 지
경험이 풍부하고 숙달된 지혜(늙은 말의 지혜)

18 앎은 실천으로 이어져야 한다

아는 것이 많아도 **행**(行)하지 않으면, 그것은 알맹이 없는 껍질일 뿐이다. 아는 것은 **실천**(實踐)의 **시작**(始作)이며, 실천은 앎의 **완성**(完成)이다. 과일나무에 꽃이 아무리 예쁘게 피어도 그 **결과**(結果)인 열매가 없다면 나무가 꽃피운 의미가 없을 것이다. 알아도 실천하지 않는다면 과일나무가 꽃만 피우고 만 것과 같다.

始作 시작	처음으로 하는 것	
始 처음 시	女 + 台 (여자 녀) (기를 이) 여자(어머니)에게서 생명(아기)이 생기기 시작한다는 데서 처음을 뜻함.	
作 지을 작	亻(人) + 乍 (사람 인) (잠깐 사) 사람이 무엇을 만든다는 뜻	
始 始		
作 作		

實踐 실천   실제로 행하는 것

實 열매 실	 → 實 宀 (집 면) + 貫 (꿸 관) 집에 돈 꾸러미[貫]가 가득 차 있다는 데서 열매, 참되다, 충실하다는 뜻이 됨.	
踐 밟을 천	足(足) (발 족) + 戔 (쌓을 전) 발로 밟는다는 뜻	

完成 완성   완전히 이루는 것

完 완전할 완	宀 (집 면) + 元 (으뜸 원) 집의 담장을 완전하게 쌓는다는 데서 완전하다는 뜻으로 쓰임.	
成 이룰 성	 → 成 戊 (큰 도끼 모양) + 丁 (장정 정) 무기로 성을 튼튼하게 지켜 목적을 이루어 낸다는 뜻이 됨.	

18 앎은 실천으로 이어져야 한다

結果 결과 — 어떤 원인으로 생긴 결말

結 맺을 결

糸(실 사) + 吉(길할 길)
실로 묶어 매듭을 짓는다는 데서 맺다, 묶다의 뜻이 됨.

果 열매·결과 과

나무 위에 열매가 달린 모양

- 始作 시작
- 成果 성과
- 完全 완전
- 結合 결합
- 作品 작품
- 結實 결실

이야기 속의 한자

○ **내일은 집을 지을 거야**

　북극 가까이에 새 한 마리가 살고 있었다. 새의 이름은 야명조(夜鳴鳥). 이름 그대로 밤에 우는 새다.

　낮에 해가 비춰 잠시 간밤의 추위를 잊게 하면, 야명조는 신바람이 나서 노래를 불렀다. 해가 기울어 추위가 몰아치면 야명조는 목에 피가 맺히도록 울며 부르짖었다.

　"아이 추워, 너무 추워 죽을 것 같아. 내일은 집을 지을 테야. 해가 떠서 따뜻한 동안 일을 할 테야."

　야명조의 울음소리가 너무 처절하고 슬펐기 때문에 그 울음을 듣는 다른 동물들은 깜짝 놀라 떨었다. 그러나 아침이 되어 해가 비치면 야명조는 지난밤의 추위를 까맣게 잊고 자기의 결심(決心)을 실행(實行)에 옮기지 못한 채 즐거움을 찾아 이리저리 날아다녔다.

　밤이 오면 또 추위에 떨며 울부짖고……. 고통스러운 긴 밤과 즐거움에 가득한 짧은 낮을 번갈아 보내며 야명조는 늙고 초라해져 갔다.

○ **決心 결심**　決:결단할 결, 心:마음 심
　　할 일에 대해 어떻게 하기로 마음을 굳게 정함. 또는 그런 마음

○ **實行 실행**　實:열매 실, 行:갈 행
　　실제로 행함.

19 세상을 배우는 독서

우리는 **독서**(讀書)를 통해 세상을 배운다. 어떻게 살아야 할지 **교훈**(敎訓)을 주고, 살아가는 데 필요한 지식과 지혜를 전해 주는 독서. 독서를 통해 우리는 인간이 살아온 **역사**(歷史)를 배우기도 하고, 위대한 **고전**(古典) 작품을 만나기도 한다. 이제 독서는 한 권의 종이책을 넘어 **신문**(新聞), 전자책, 인터넷 등 다양한 매체를 통해 이루어지고 있다.

讀書 독서   책을 읽는 것

讀 읽을 독	言 (말씀 언) + 賣 (팔 매) 소리 내어[言] 책을 읽는다는 뜻	
書 글 서	𦘒 + 曰 → 書 (붓 율) (말할 왈) 말[曰]을 붓[𦘒]으로 기록한 것에서 글, 책을 뜻함.	
讀 讀		
書 書		

教訓 교훈 가르치고 타이르는 것

教 가르칠 교	 (본받을 효) + 子 (아들 자) + 攵(攴) (칠 복) 자식을 회초리로 쳐서 가르친다는 뜻	
訓 가르칠 훈	言 (말씀 언) + 川 (내 천) 말로 타이르고 가르친다는 뜻	

新聞 신문 사회의 여러 사실을 알리는 정기 간행물

新 새 신	 辛 (매울 신) + 木 (나무 목) + 斤 (도끼 근) 도끼로 새로 잘라낸 나무를 뜻함.	
聞 들을 문	門 (문 문) + 耳 (귀 이) 귀로 듣는다는 뜻	

19 세상을 배우는 독서

이야기 속의 한자

반딧불과 눈을 등불 삼아 책을 읽다

옛날 중국 진나라에 손강이라는 사람이 있었다. 그는 늘 책 읽기를 즐기는 사람이었다. 밤늦도록 책을 읽고 싶었지만 집안이 너무 가난해서 등불을 켤 수 없었다.

어느 겨울밤, 손강은 책을 읽고 싶었으나 등불을 켤 수 없기에 밖으로 나와 서성거렸다.

'차윤이란 사람은 반딧불이를 잡아 등불 대신 밝히면서 글을 읽었다지…….'

바깥은 날씨도 차고 눈도 내렸다. 그런데 흰 눈에 달빛이 비치면서 주변이 너무나 환했다. 책을 읽을 수 있을 정도였다.

손강은 책을 들고 나와 펼쳐 보았다. 눈빛과 달빛 때문에 책의 글자가 잘 보였다.

눈을 등불 삼아 책을 읽으며 실력을 쌓은 결과, 손강은 과거에 급제할 수 있었다.

반딧불이와 눈을 등불 삼아 공부한 두 사람처럼 어려운 환경을 이겨 내고 공부해서 무엇인가를 이뤄 낸 사람들을 가리켜 '형설지공(螢雪之功)'을 이뤘다고 말한다.

螢雪之功 형설지공 螢:반딧불이 형, 雪:눈 설, 之:어조사 지, 功:공 공

반딧불과 눈빛으로 이룬 공이라는 뜻으로, 어려운 형편 속에서 공부(工夫)하여 이룬 공을 일컫는 말이다.

20 삶을 표현하는 예술

옛사람들은 사냥이 잘되기를 바라는 마음에서 동굴에 동물들을 그려 놓았다. 또한 풍성한 수확을 기원하며 춤과 노래를 함께하기도 했다. 예술은 이렇게 생겨나고 발생했다. 마음에 울림을 주는 **음악**(音樂), 다양한 선과 색으로 하나의 세계를 그려 낸 **미술**(美術) 작품 등 예술이 없다면 우리의 삶은 얼마나 단조로울까? 예술은 우리 마음에 깊은 감동을 주는 삶의 **표현**(表現)이다.

音樂 음악
목소리나 악기를 통해 감정을 나타내는 예술

音 소리 음

言(말씀 언) + 一(하나 일) → 音
말씀 언(言)의 'ㅁ'에 한 획을 더 그어 입에서 나오는 소리를 뜻함.

樂 풍류 악

나무 위에 방울이 달린 모양으로 악기, 음악을 뜻함.

美術 미술   공간 및 시각의 미를 표현하는 예술

美 아름다울 **미**	 사람 머리 위에 깃털 장식을 아름답게 한 모양으로 <u>아름답다</u>는 뜻이 됨.	
術 꾀·재주 **술**	行(彳) (다닐 행) + 朮 (차조 출) 어떤 일을 계속 행하기 위한 길, 방법이란 의미에서 <u>재주</u>, <u>꾀</u>를 뜻함.	

性格 성격   각 개인의 특유한 성질

性 성품 **성**	忄(心) (마음 심) + 生 (날 생) 사람이 태어나면서부터 갖는 마음, <u>성품</u>을 뜻함.	
格 인품 **격**	木 (나무 목) + 各 (각각 각) 나무의 긴 가지를 다듬어 모양을 바로잡는다는 데서 <u>인격</u>, <u>격식</u>이란 뜻이 됨.	

20 삶을 표현하는 예술

表現 표현   드러내어 나타내는 것

| 表 겉 표 | 衣(衣) (옷 의) + 土(毛) (털 모) 털옷을 입을 때 털 있는 쪽을 바깥으로 했기에 바깥, 겉이라는 뜻이 됨. |  |
| 現 나타날 현 | 王(玉) (구슬 옥) + 見 (볼 견) 옥의 무늬가 드러나 보인다는 뜻 | |

表 表
現 現

表情 표정	表 情
人格 인격	人 格
性品 성품	性 品
現代 현대	現 代
和音 화음	和 音
美人 미인	美 人

이야기 속의 한자

○ 나라를 망치는 음악

　옛날 중국의 어느 왕이 다른 나라의 왕을 만나러 가다가 어디선가 들려오는 음악에 빠져들게 되었다. 지금까지 한 번도 들어 본 적 없는 애절하고도 마음을 울리는 음악이었다.

　"한 번 듣고 말기에는 아깝구나. 그 선율을 잘 기록해 두어라."

　목적지에 도착한 왕은 융숭한 대접을 받았다.

　"오는 도중에 멋진 음악을 들었습니다. 한 번 같이 들어 보시지요."

　그 자리에는 사광이라는 이름의 음악가가 있었는데 그의 연주는 학이 날아와 춤을 추고 구름도 몰려온다고 할 정도였다. 사광이 갑자기 연주를 중단시켰다.

　"아니, 왜 그러는가?"

　왕이 의아해서 묻자, 사광은 대답했다.

　"전하, 이 곡은 '망국의 음악'입니다."

　"나라를 망하게 하는 음악이란 말인가?"

　"옛날 은나라에 음악가가 있었습니다. 그 사람은 당시 폭군이던 왕에게 정신을 어지럽게 하고 사치스러운 음악을 지어 바쳤는데, 그 음악이 바로 지금 연주한 음악입니다. 그 폭군은 이 음악에 빠져 술과 고기로 세월을 보내고 정치를 멀리했지요. 결국 나라는 망하고 말았습니다."

　아름다움과 참됨을 추구하는 예술을 잘못 누릴 때, 그것은 나라를 망칠 수도 있고, 사람의 마음을 병들게 할 수도 있을 것이다.

○ **亡國之音 망국지음** 亡:망할 망, 國:나라 국, 之:어조사 지, 音:소리 음
나라를 망하게 하는 음악이란 뜻으로, 마음을 어지럽게 하고 좋지 않은 음악을 가리킴.

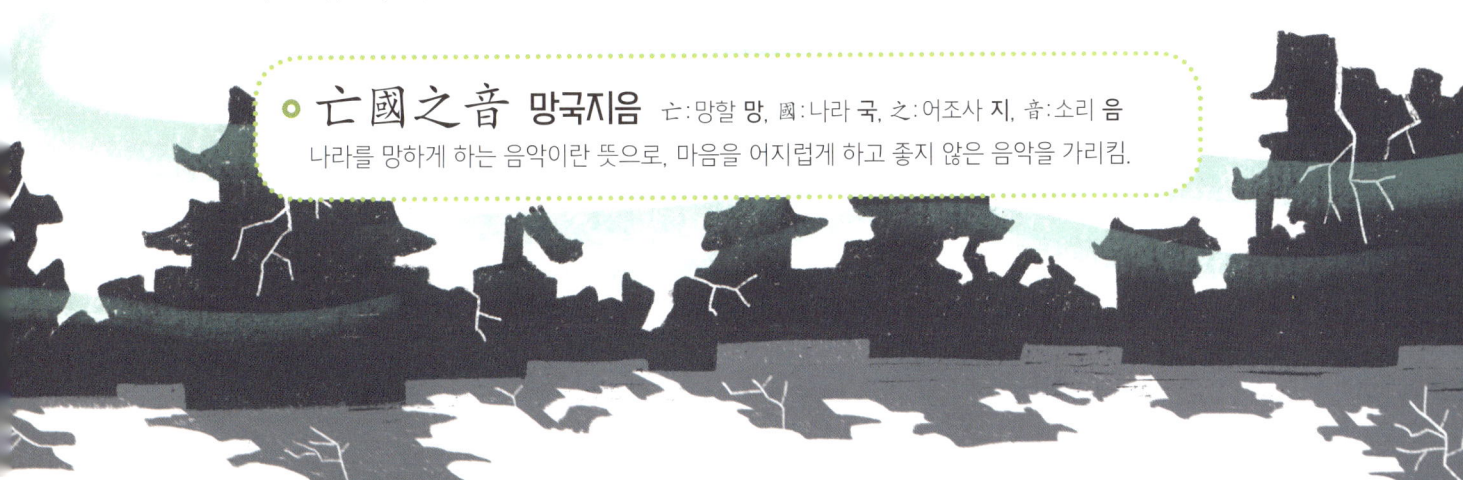

연습 문제

1. 다음 한자를 비교해 보고, 그 뜻과 음을 써 봅시다.

① 青 :   清 :   情 :
② 門 :   問 :   聞 :
③ 生 :   姓 :   性 :

2. 다음에 해당되는 한자를 써 보고, 한자가 어떻게 만들어져 발달해 왔는가를 생각해 봅시다.

① 木 (나무 모양) → (   )

② 木 (나무 밑에는 나무를 자라게 하는 뿌리·근본이 있다고 생각함) → (   )

③ 나무와 나무가 빽빽이 자라서 숲을 이룸 → (   )

④ 나무로 건물을 지어 놓고 학생을 가르치는 곳 [木(나무 목) + 交(사귈 교)] → (   )

3. 다음 교과목을 한자로 써 봅시다.

① 사회 :   ② 과학 :
③ 음악 :   ④ 미술 :

4. 다음 한자어의 음을 써 봅시다.

① 制度 :   ② 法律 :
③ 結果 :   ④ 實踐 :

5. 다음 한자의 뜻이 바르게 된 것에 O표를 해 봅시다.

① 讀書 : 책을 읽음 (   )   ② 敎訓 : 가르치거나 타이르는 말 (   )
③ 友情 : 친구 사이의 정 (   )   ④ 完成 : 성공하고 출세함 (   )

○ 다음 낱말 잇기의 빈 칸을 한자로 채워 봅시다.

• 세로 열쇠 •

1. 학교(가르치는 기관)
2. 고대(옛날 시대)
4. 음악
5. 현재(이제, 지금)
6. 결실(열매가 맺힘, 결과)
8. 성품(성질과 됨됨이)
9. 자수성가(스스로의 힘으로 집안을 이룸)
10. 견문(보고 들음)
11. 작심삼일(결심이 오래가지 못함)
12. 신입생(새로 들어온 학생)
16. 훈화(교훈이나 훈시하는 말)
18. 물건

• 가로 열쇠 •

1. 학생(학교에서 공부하는 사람)   2. 고목(오래 묵은 나무)
3. 화음(높이가 다른 둘 이상의 음이 함께 어울리는 소리)   5. 현대(지금의 이 시대)
7. 실천(실제로 이행함)   9. 자연(우주 사이의 저절로 된 상태)   11. 작품(만든 물품)
12. 신문(새로운 소식을 전하는 정기 간행물)   13. 완성(완전히 다 이룸)   14. 출입(들어오고 나감)
15. 가훈(집안의 교훈)   17. 생물(생명을 가진 유기체)   19. 일용품(날마다 쓰는 물건)

연습 문제 정답
1. ① 푸를 청, 맑을 청, 뜻 정 ② 문 문, 물을 문, 들을 문 ③ 날 생, 성씨 성, 성품 성
2. ① 木 ② 本 ③ 林 ④ 校 3. ① 社會 ② 科學 ③ 音樂 ④ 美術 4. ① 제도 ② 법률 ③ 결과 ④ 실천
5. ① (O) ② (O) ③ (O) ④ ( )

1판 1쇄 발행일 2019년 7월 26일
1판 2쇄 발행일 2021년 12월 20일

지은이 이이화 강혜원 박은숙
그린이 박지윤

발행인 김학원
발행처 휴먼어린이
출판등록 제313-2006-000161호(2006년 7월 31일)
주소 (03991) 서울시 마포구 동교로23길 76(연남동)
전화 02-335-4422   **팩스** 02-334-3427
저자·독자 서비스 humanist@humanistbooks.com
홈페이지 www.humanistbooks.com
유튜브 youtube.com/user/humanistma   **포스트** post.naver.com/hmcv
페이스북 facebook.com/hmcv2001   **인스타그램** @human_kids
기획 정미영   **편집** 정은미 이다정   **디자인** 림어소시에이션
용지 화인페이퍼   **인쇄** 삼조인쇄   **제본** 정민문화사

ⓒ 이이화·강혜원·박은숙, 2019

ISBN 978-89-6591-373-3 74720
ISBN 978-89-6591-368-9 (세트)

- 이 책은 저작권법에 따라 보호받는 저작물이므로 무단 전재와 무단 복제를 금합니다.
- 이 책의 전부 또는 일부를 이용하려면 반드시 저작권자와 휴먼어린이 출판사의 동의를 받아야 합니다.
- **사용 연령 8세 이상**   종이에 베이거나 긁히지 않도록 조심하세요. 책 모서리가 날카로우니 던지거나 떨어뜨리지 마세요.